Autodisciplina para ejercitar

La mejor guía para principiantes para desarrollar una disciplina de ejercicio de por vida - 30 Estrategias diarias de campeón para construir, desarrollar, controlar tu fuerza de voluntad y tu resistencia mental

Por Freddie Masterson

Para más libros visite:

HMWPublishing.com

Consigua otro libro gratis

Quiero darle las gracias por comprar este libro y ofrecerle otro libro (largo y valioso como este libro), "Errores de salud y de entrenamiento físico que no sabe que está cometiendo", completamente gratis.

Visite el enlace siguiente para registrarse y recibirlo:

www.hmwpublishing.com/gift

En este libro, voy a desglosar los errores más comunes de salud y de entrenamiento físico que probablemente usted esté cometiendo en este momento, y le revelaré cómo puede llegar fácilmente a la mejor forma de su vida.

Además de este valioso regalo, también tendrá la oportunidad de obtener nuestros nuevos libros de forma gratuita, participar en sorteos y recibir otros correos electrónicos de mi parte. De nuevo, visite el enlace para registrarse: **www.hmwpublishing.com/gift**

Tabla de contenido

Introducción 3
Capítulo 1. La procrastinación, las distracciones, y la falta de motivación 8
1. Procrastinación 11
2. Distracciones 14
3. La falta de motivación 17
Capítulo 2. ¿Qué tan inteligente son sus objetivos? 20
1. Específico 20
2. Mensurable 22
3. Alcanzable 23
4. Realista 24
5. Duración determinada 25
Capítulo 3. El fortalecimiento de su resistencia y tolerancia 29
1. Domine su ego 31
2. Tenga un objetivo diario 33
3. Enriquézcase 34
4. Aprenda a decir "No" 35
Capítulo 4. Aproveche el poder de la rendición de cuentas 38
1. Conozca su rol 42
2. Entrénese para ser maduro 43
3. Sea racional 45
4. Manténgase constantemente motivado 47
5. Asuma las cosas 48
Capítulo 5. Visualice las recompensas a largo plazo 52
1. Tómese el tiempo para hacer una lista de las cosas que desea 55
2. Las recompensas 56

3. Inspírese todos los días 58
4. Construya sus sueños 60
Capítulo 6. Levántese de los resbalones de manera efectiva 63
1. Ignore el problema 66
2. Aprenda de sus errores 68
3. Todo se pone mejor 70
4. Construya una base emocional efectiva 73
5. Diríjase a lo espiritual 74
Capítulo bonificación: "Fitspiration" 79
"Piense en las consecuencias si no hace nada" 80
"La ambición es como una adicción. Una vez que está dentro, su cuerpo lo necesita " 80
"La disciplina se trata de elegir lo que quiere ahora y lo que más quiere" 81
Últimas palabras 83
Sobre el co-autor 85

Introducción

Todo ser humano sabe lo que quiere. Cada uno de nosotros tenemos un objetivo que cumplir. Eso forma parte de la vida. Desde el niño más pequeño hasta el veterano más experimentado, las personas tienen en sus mentes algo que sienten que les puede dar un sentido real de significado e identidad. Pero junto con este reconocimiento, también debemos tomar nota de los muchos desafíos que enfrentamos.

Nunca podemos controlar cómo funcionan las cosas. De una manera u otra, nos detenemos en las incertidumbres de la vida que nos hacen fruncir el ceño, desde pisar un fajo de chicle masticado hasta perder un apartamento por culpa de un terrible incendio. Pero en muchos casos, las circunstancias como estas no son las únicas que le mantienen a raya. Principalmente, usted se convierte en la única razón de sus fallas, y esto no es algo que debe dejar ocurrir.

El hecho es que las personas que logran grandes hazañas deben sus éxitos no a la suerte, sino a la gran capacidad de controlar sus deseos y evitar ser complacientes con lo que tienen actualmente. Los éxitos y fracasos no deben basarse en la fortuna o la falta de ella, ya que están más vinculados a la forma en que vivimos a través de la autodisciplina.

La mayoría de las personas no se dan cuenta, pero poseen una falta de autodisciplina en las cosas por las que luchan. Por ejemplo, las personas que tienen objetivos de pérdida de peso todavía se atracan con comida basura (en otras palabras, hacen trampa) si sienten que comer una pequeña patata frita de repente no conduciría a una figura hinchada. Otro ejemplo es cómo los fumadores siguen haciendo promesas de romper su hábito, revirtiendo después de unos pocos días de pulmones libres de nicotina. Además, los estudiantes necesitan más práctica para mantener la autodisciplina, particularmente al estudiar para los exámenes y terminar los proyectos a tiempo.

Sería seguro decir que la autodisciplina es un factor considerable que define nuestra seriedad hacia los objetivos que queremos alcanzar. Tal vez, podría ser el desafío más importante de superar, ya que el mayor enemigo que tenemos que enfrentar es a nosotros mismos. Incluso es cierto para muchos que parecen fallar en el logro de sus objetivos. Esto se debe a que no se atreven a discutir sobre un tema tan trivial.

Mientras que el título de este libro es "Autodisciplina para el ejercicio", la mayoría, sino todas, de las estrategias y la información que se compartirá se pueden aplicar a cualquier aspecto de su vida a fin de mantenerse enfocado y disciplinado hacia sus objetivos. Siga leyendo para descubrir cómo puede comenzar a implementar estas poderosas estrategias para vencer cualquier obstáculo y lograr sus sueños.

Además, antes de comenzar, le recomiendo que se una a nuestro boletín informativo por correo electrónico para recibir actualizaciones sobre cualquier próxima publicación o promoción de un nuevo libro. Puede registrarse de forma gratuita y, como bonificación, recibirá un regalo gratis. ¡Nuestro libro "Errores de salud y de entrenamiento físico que no sabe que está cometiendo"! Este libro ha sido escrito para desmitificar, exponer lo que se debe y no se debe hacer y, finalmente, equiparle con la información que necesita para estar en la mejor forma de su vida. Debido a la abrumadora cantidad de información errónea y mentiras contadas por las revistas y los autoproclamados "gurús", cada vez es más difícil obtener información confiable para ponerse en forma. A diferencia de tener que pasar por docenas de fuentes parciales, poco confiables y no confiables para obtener su información de salud y estado físico. Todo lo que necesita para ayudarle se ha desglosado en este libro para que pueda seguirlo fácilmente y obtener resultados inmediatos para alcanzar sus objetivos de actividad física deseados en el menor tiempo posible.

Una vez más, para unirse a nuestro boletín gratuito por correo electrónico y recibir una copia gratuita de este valioso libro, visite el enlace y regístrese ahora: www.hmwpublishing.com/gift

Capítulo 1. La procrastinación, las distracciones, y la falta de motivación

Comience el día diciéndose a sí mismo: "Voy a hacer cosas grandes e importantes". Después de hacer la cama, comer un desayuno saludable y una buena taza de café caliente, se aventura al mundo con un sentido renovado de maravilla. Esto sucede todos los días. Su camino al trabajo con una actitud optimista, esperando que las cosas sigan como usted quiere. La impresora funciona correctamente, tiene un conjunto de lápices bien afilados y su mente está ahora en serio, bloqueada ante la perspectiva de obtener la promoción que merece por trabajar tan vigorosamente.

El día de repente cambia de forma negativa e inesperada. Su jefe le llama y le dice que su rendimiento no es lo suficientemente bueno. Usted le pregunta cómo es posible, pero él solo da un vago gesto dirigido a su percepción de incapacidad para comprender. Sabe que ha estado trabajando tan tediosamente durante los últimos meses, pero ¿por qué vender la idea de que usted es un vago perezoso?

Siente que no se lo merece y tiene esta imagen de su puño plantado en la cara del jefe. Pero, de nuevo, algo le golpeó primero. Mirando hacia atrás en las últimas semanas, se da cuenta de que ha estado haciendo un trabajo mediocre todo este tiempo, y lo que sucedió en la oficina del jefe de repente tiene sentido. Como puede ver, las realizaciones como esta ocurren casi todos los días porque las personas tienden a esperar lo bueno de sí mismas. Tenemos objetivos específicos que cumplir y nos preocupamos por lograrlos.

Por otra parte, nos encontramos con varias obstrucciones en el camino. Y su único propósito es evitar que lleguemos al punto B. Probablemente su jefe perciba la producción mediocre que le dio y llamó su atención. Básicamente usted es lo que él llama un trabajador que personifica el tipo de actitud relajada que trastorna la cultura de la oficina. En una palabra, usted es lo que él llama "ineficiente".

Y eso no le sienta nada bien. Entonces, ¿qué salió mal? Siente que hizo un excelente trabajo, pero su exceso de confianza fue más allá del trabajo real que realizó.

Uno de los mayores obstáculos para lograr una vida equilibrada y disciplinada es la valentía. Y también hay otras razones, y todas buscan presentar promesas de comodidad, pero proporcionan razones para poner en riesgo cualquier posibilidad de alcanzar sus objetivos.

Muchas personas suelen negar que son unos procrastinadores o unos trabajadores perezosos, pero eso se debe a que se centran más en los resultados que en la implementación. Ahí es donde la mayoría de las personas no se dan cuenta. Nada se hace realidad hasta que se prepara para hacerlo. Pero luego tiene varias barreras en el camino, entonces, ¿qué se debe hacer?

Tratemos de diseccionar estas barreras y proporcionemos los cursos de acción adecuados para abordarlas:

1. Procrastinación

Seamos sinceros. Tenemos la habilidad de posponer una tarea. Es un hábito muy malo que continúa atormentando los espacios de oficinas y las aulas.

La procrastinación es una condición que se manifiesta una y otra vez para impedir cualquier paso hacia el progreso. De hecho, nunca podemos negarnos a ver un problema, encogernos de hombros y decirnos que tenemos tiempo suficiente para terminarlo. Pero cuando se acerca la fecha límite, nos encontramos en una situación donde el arrepentimiento nos envuelve gradualmente y nuestra cordura se desvanece en el limbo.

Trabajar en el último minuto es lo que la mayoría de la gente prefiere, diciendo que es una forma natural de tomarse la vida menos en serio hasta que se den cuenta de los problemas que trafican usando esta lógica.

Cierto. Sin embargo, los éxitos no siempre aparecen de la nada. Deberían venir de algún lado, y ese es nuestro lugar para entrar en acción. Entonces, si realmente quiere llevar una vida llena de oportunidades, primero necesita comprender la importancia de "hacer" en lugar de esperar.

Todos conocemos el efecto de la procrastinación y es difícil abordarlo de manera eficiente. Viene con el hecho de que siempre luchamos por el camino cómodo hacia la construcción de la vida, sin embargo, esta noción no cumple con las nuevas reglas.

Nuestra sociedad de hoy se rige por la permanencia de la acción instantánea. Queremos que las cosas sucedan rápidamente. Tenemos la tecnología que evoluciona todos los años. Los gustos de las personas por los productos que van desde los teléfonos inteligentes hasta las nuevas modas de ropa cambian, lo que obliga a las empresas a prestar atención a tales demandas por el bien de mantenerse a flote.

Es indudable que la procrastinación es la compañera del dormitorio de la mediocridad. Ambos comparten una indiferencia para trabajar y ambos trabajan para expandir esa indiferencia. Como no puede ganar nada al tenerlos cerca, solo sería lógico expulsarlos de la casa para siempre.

¿Y cómo podemos hacerlo? Es solo una simple cuestión de mirar más allá del presente. Un objetivo no es más que un espejismo si se tumba en la arena, teniendo la esperanza de tener esta imagen de un oasis frente a sí mismo. Necesita levantarse y alcanzarlo hasta que desaparezca en un torrente de arena y sueños rotos.

2. Distracciones

Otra cosa a tener en cuenta es su incapacidad para concentrarse en la tarea. Al igual que la procrastinación, las distracciones se esfuerzan por evitar que logre lo que se necesita hacer. Es posible que haya comenzado un proyecto con el vigor suficiente para atravesarlo, pero el hecho es que usted es vulnerable a que un video de YouTube le distraiga. Más adelante, estaría mirando varios videos más, desperdiciando un tiempo precioso que supuestamente es dedicado al trabajo serio.

Las distracciones no solo se manifiestan en esas fachadas. También vienen en formas completamente complejas. Toman la forma de un concepto. Por ejemplo, tiene un objetivo en mente que le dirige hacia una posición ejecutiva jugosa en la que siempre se imaginaba cuando era un niño. El pensamiento pone su mente a trabajar. Se vuelve tan ansioso por lograr este objetivo, hasta que un deseo particular de algo, como buscar un ambiente de trabajo más relajado, de repente aparece e interfiere con sus tareas diarias. Debido a que este concepto impregna su mente, gradualmente pierde el agarre con su objetivo original, lo que realmente requiere que trabaje más allá de sus límites para lograrlo. Está distraído de mirar más seriamente sus sueños.

Las fallas se desarrollan a partir de ese escenario, y permite una gran cantidad de pensamiento excesivo. La gente comienza a lamentar haberse distraído, buscando técnicas que podrían haber aplicado para minimizar las distracciones.

Es solo una simple cuestión de establecer un objetivo y aferrarse a él como si fuera lo único que define su vida. Su objetivo le hace ser quien es, y si le permite divergir del camino que conduce a él, se encontrará sentado solo en la encrucijada, preguntándose a dónde ir.

3. La falta de motivación

Si bien ambos de los factores anteriores le arrastran hacia abajo, la falta de motivación es algo que le absorbe de cualquier deseo de convertirse en alguien. Todo el mundo tiene algo o alguien que actúa como contrapeso a su fundíbulo. La analogía no es para nada distante de explicar el hecho de que un fundíbulo requiere una piedra más grande para tirar de una viga y lanzar un misil contra la pared de un castillo. Por supuesto, cuanto más pesado es el contrapeso, más lejos viaja la carga útil.

Es fiel a la motivación. Cuando tenemos suficiente soporte de cualquier forma que actúe como contrapeso, estamos más seguros de lograr lo que debemos. Nada detiene a una persona motivada de obtener lo que quiere.

¿Pero qué sucede cuando la motivación de una persona desaparece? Para eso, solo tenemos que mirar un barco sin velas, flotando sin rumbo en el mar solitario. Es fácil decir que la ausencia de motivación conduce a la inactividad, y eso es cierto, porque la gente necesita una imagen en sus cabezas que les ponga a trabajar con sentido.

Todos pasan por esos momentos en los que no les apetece trabajar porque carecen de un ingrediente esencial que debería haberles dado el poder de controlar su destino. No podemos buscar más una solución práctica que la simple cuestión de encontrar motivación.

Podría ser cualquier cosa o cualquier persona, siempre que le permita seguir adelante, hacer que las cosas sean posibles y, en última instancia, entrenarla para que sea más hábil y disciplinada en el manejo de su propio barco.

Capítulo 2. ¿Qué tan inteligente son sus objetivos?

Cualquiera persona que haya experimentado gestión en algún momento se encontró con la palabra "SMART" (que significa inteligente en inglés). Pero, ¿qué es "SMART"? Bueno, "SMART" es un acrónimo tomado como un principio detrás del éxito. Sea lo que sea en lo que estamos trabajando; tiene que ser "SMART". Tiene que tener las cualidades esenciales que indican el trabajo de calidad y la dedicación a un objetivo percibido. Ahora, diseccionemos y descubramos qué significa "SMART" en realidad.

1. Específico

Hagamos frente al hecho de que debemos centrarnos en las cosas que importan. Ya sea que preparemos un proyecto para trabajar o realicemos un trabajo personal, tenemos que poner en nuestras mentes lo que queremos lograr. ¿Por qué seguir un mapa cuando no se sabe qué es lo que está buscando?

En muchos casos, las personas tienden a actuar en lugar de dejar en claro la idea misma que desean realizar. Esto les lleva a una búsqueda de nada. Es muy desafortunado que algunos hagan tanto esfuerzo solo para sentirse insatisfechos al final. Nada realmente importa cuando por un hecho lo hacen; solo es cuestión de dirigir su atención al concepto en su cabeza. Cuando haga un plan, intente pensar en los objetivos que desea alcanzar.

2. Mensurable

Los planes deben tener un carácter mensurable. Lo que esto significa es que se necesita un tipo de métrica para saber cuánto está progresando y cuánto está retrocediendo.

No todos los planes terminan según lo previsto. Por ejemplo, al poner en marcha un negocio, es necesario entender qué hay variables que intervienen a través de diversos aspectos de la gestión de un negocio. Es necesario para calcular sus gastos operativos en contra de sus ganancias netas. También es necesario averiguar las mejores técnicas de marketing para atraer clientes. También es necesario realizar un seguimiento del crecimiento de la empresa en el transcurso del tiempo. Esto le permite tener un cierto grado de control sobre cómo su plan o idea se está poniendo de moda, lo que le permite ver qué está mal y aplicar las soluciones adecuadas para mejorarlo.

La mensuración es por lo tanto crucial para tener éxito en un plan o en una idea.

3. Alcanzable

En todos los aspectos de la realización de una idea o concepto importante, debe evaluar qué tanto de un esfuerzo alcanzable sería. Por ejemplo, una idea de un producto útil y comercializable le golpea, y se pone a sacarla de la mente y llevarla al mundo real. Normalmente, emplearía numerosos dispositivos que pueden ayudarle a lograrlo. Por lo tanto, usted filtra lo que funciona mejor de aquellos que no funcionarán en absoluto.

Sin embargo, habrá momentos en que nada parezca acercarse a una solución viable para lograr la idea. En este caso, el problema no radica en la selección de las estrategias sino en la idea misma. En consecuencia, se lo guiará hacia la modificación de la idea y la hará más acorde con ciertos límites.

Y esa es precisamente la esencia de este principio. Puede aprender del antiguo mantra: "Conózcase a sí mismo, conozca sus límites".

4. Realista

Además de saber qué se lograría al seguir un plan, debe saber si alguna vez verá la luz o no. Más importante aún, es necesario saber si de hecho sería un esfuerzo que se puede sostener a largo plazo. El realismo es vital. Los gerentes entienden esto porque ningún plan, proposición o idea en la historia del esfuerzo humano ha sido perfecto. Habrá fallas y, en los aspectos más cruciales, habrá factores y obstáculos del mundo real. Debemos reconocer que los planes no siempre son perfectos en todos los sentidos, por lo que debemos modificarlos según lo que podamos lograr. Necesitamos ponerlos a tierra en suelo realista. No podemos simplemente hacer alarde de una idea y decirle a la gente que es la mejor idea que hemos tenido. Primero tenemos que entender que los elementos materiales y empíricos juegan en su realización.

5. Duración determinada

La planificación, en algunos aspectos, debe cumplir un cronograma. A pesar de la importancia de enfatizar la calidad y la mensurabilidad, también debemos entender que un plan también es muy útil. Tienen una fecha límite específica para ser cumplida.

Un proyecto no tiene una inclinación seria a completarse cuando las personas detrás de él no tienen una fecha límite que les motive. Además del hecho de que supervisa la finalización de un proyecto, un cronograma también garantiza que se siga por un camino paso a paso específico hacia la realización. Simplemente no podemos hacer un trabajo urgente de un esfuerzo significativo como un libro o una invención. Ni siquiera podemos darnos el lujo de posponer las cosas y posponer el trabajo importante porque "la inspiración viene en grupos". Debemos entender que necesitamos estar más organizados en términos de usar el tiempo como un elemento vital para ver un proyecto.

Con "SMART" en mente, usted debe desarrollar un sentido agudo de encontrar detalles minuciosos sobre su idea. Luego, usando los criterios, verifique si la idea está en línea con cada rúbrica individual. Una vez que satisfaga estos indicadores, entonces puede estar seguro de que la idea estará más cerca de la realidad.

El camino hacia la autodisciplina nunca se trata solo de carteles motivacionales y libros de autoayuda. Se trata más de utilizar el material actual y los recursos mentales que tiene para hacer que los conceptos en su cabeza cobren vida.

Por lo tanto, antes de demorarse en el tipo de resultados que desea lograr, primero comience por analizar qué hacer y qué se debe hacer para hacer algo que sea útil y eficiente. Usando el modelo "SMART", se volverá más sabio al tomar decisiones cruciales para despertarle a la acción y, de hecho, marcar la diferencia.

Capítulo 3. El fortalecimiento de su resistencia y tolerancia

El hecho es que la autodisciplina nunca se obtiene a través del nacimiento. Siempre se enseña, practica, aplica y mejora. Como humanos, atravesamos una miríada de experiencias mientras vivimos nuestras vidas. Y en cada instancia, las personas adquieren nuevos conocimientos cuyo valor se realiza en situaciones únicas y, a menudo, peculiares.

Nuestro pasado rige nuestra conducta. Esto significa que cada pequeña cosa que hacemos, independientemente de las consecuencias que implican, es nuestro pasado tratando de resucitar a sí mismo. Siempre estamos comprometidos con nuestra historia personal, tan atados a ella que nunca podemos separar completamente el presente de ellos.

Y esto a menudo sirve como una debilidad entre la mayoría de la gente hoy en día. Debido a que las situaciones pasadas los dictan, no significa que el resultado de esto conduzca a un final positivo. A veces, nos impide progresar realmente. La autodisciplina es un proyecto de autodesarrollo. Y nos referimos al desarrollo como un proceso que implica fortalecer nuestras capacidades y debilitar los cimientos del fracaso.

Ahora, cuando se trata de la autodisciplina, debemos enfocarnos en mejorar la forma en que pensamos. Desde una perspectiva más amplia, necesitamos descubrir qué nos hace más fuertes y más capaces de abordar las situaciones que nos deprimen. La resistencia es fundamental, pero en el contexto de la autodisciplina, es algo que requiere una práctica extensa.

Aparentemente, no muchas personas son capaces de soportar las distracciones y todos los demás elementos que nos impiden hacer realidad nuestros objetivos. Pero lo que se están perdiendo es el hecho de que pueden liberarse de esto con solo pensar positivamente y usar las siguientes técnicas para prepararse a sí mismos a ser más disciplinados en lo que sea que intenten lograr.

1. Domine su ego

La mayoría de las veces, no podemos evitar dejar que nuestro ego pierda, especialmente cuando sentimos que está amenazado por algo tan trivial como un comentario insultante. Como humanos, no podemos evitar asegurar nuestra reputación. Viene con siglos de tradiciones y costumbres que finalmente llevaron a la formación de convenciones sociales que dictan quién tiene el poder y quién no. Estamos, en su mayor parte, en la búsqueda de apartarnos a un estatus superior.

A veces, se vuelve más un obstáculo para un mayor éxito. La mayoría de nosotros nos sentimos con derecho. Siempre nos esforzamos por lo mejor para nosotros mismos. Conocemos nuestro valor, y sabemos que debemos darnos cuenta de eso. Entonces, una oportunidad que se nos presenta de manera instantánea se convierte en un gran impulso para el ego. Pensamos en cómo somos mejores que otros, y tenemos que demostrarnos eso continuamente. Pero a veces, las personas tienden a ignorar sus límites. Cuando nos dan una tarea, tendemos a hacer un trabajo descuidado porque creemos que no nos la merecemos. Si bien esto actúa como si fuera un triunfo emocional, realmente le da una mala impresión. Y aquí es donde tiene que comenzar a reevaluar a sí mismo.

Comience por reconocer sus limitaciones y saber en qué es bueno. Más importante aún, no se concentre demasiado en la tarea per se. Concéntrese en cómo va a terminar la tarea en lugar de tratar a su ego como si fuera más importante que cualquier otra cosa. Después de eso, trate de ser más considerado cuando se trata de la tarea. Termine lo que debe, ya que también le brinda la oportunidad de crecer no solo su reputación, sino también su inteligencia emocional.

2. Tenga un objetivo diario

Cuando se trata de éxito, construir gradualmente para alcanzar una medida de logros diarios está cerca de mejorarse a sí mismo.

Cada vez que se levanta cada día, ponga su mente en modo de trabajo en ese instante. Planifique su día y, lo más importante de todo, establezca un objetivo que desea alcanzar para el día. Ya sea la cantidad de informes que tiene que realizar o la etapa de un proyecto en el que está trabajando, una vez que tiene algo que esperar, puede estar seguro de establecer el día en el camino correcto.

3. Enriquézcase

Una forma de aumentar la resistencia no es tanto enfrentar una gran cantidad de desafíos en forma regular. También se trata de aprender a tomar un descanso. Necesitamos tiempo para descansar porque, bueno, no somos como robots que carecen de cualquier sensación de cansancio.

La recreación es su tiempo para energizar, pero debe aprovecharlo para enriquecer su mente y su espíritu. Sumérjase en un buen libro o, si no le gusta todo el mundo de los estudios, entonces podría buscar videos educativos en YouTube que le puedan servir de inspiración.

Recuerde: nos motiva cualquier cosa, incluso desde los lugares más improbables. Siempre manténgase inspirado.

4. Aprenda a decir "No"

Una cosa que es difícil de hacer es decir "no". Aparentemente, la mayoría de las personas siguen ciertas convenciones sociales hasta cierto punto que la extienden hacia otros aspectos de sus vidas.

Decir "no" es algo que parece que evitamos, fuera de la idea de que nos tachen de arrogantes o groseros si lo hacemos. Pero lo que la mayoría de la gente no se da cuenta es que decir "no" es el sello distintivo de una mente madura. Por supuesto, decimos sí a cosas, pero en situaciones particulares donde es una opción viable. Pero cuando tiene una inclinación a decir no a una idea que siente que no pasará como una buena, entonces estar en desacuerdo se convierte en una necesidad.

La sinceridad es lo que de hecho falta hoy en día ya que las personas se niegan a hablar por miedo a estar aisladas. Pero una vida que está llena de acción y, de hecho, una vida disciplinada tiene que tener ese elemento que resiste las cosas por pura preocupación.

Por lo tanto, la próxima vez que se enfrente a una idea que cree que no funcionaría bien, intente soltar estas dos letras. De hecho, no hay nada de grosero en ello, ya que es su propia manera de decir "esto necesita una mejora".

En última instancia, al usar estas ideas, estará aún más preparado emocionalmente para enfrentarse a sí mismo. Al igual que en el caso de muchas personas exitosas, la madurez llega cuando aprende a entrenar su mente para que tenga plena confianza en lo que quiere, totalmente concentrado en lo que se debe hacer y totalmente consciente de su propio poder.

Capítulo 4. Aproveche el poder de la rendición de cuentas

Al parecer, todo lo que hacemos está dirigido a un objetivo específico, y para lograr este objetivo, es necesario entender exactamente lo que se necesita para iniciar, mantener y terminar.

La esencia de la autodisciplina es más anclada en entrenarse para ser más firme y seguro en su toma de decisiones. No sólo eso, busca mejorarse de formas que le permitan ser proactivo y estar preparado para los desafíos de la vida.

Independientemente de su lugar de trabajo y qué tipo de trabajo que se dedique, se necesita una cierta cantidad de disciplina para hacer un esfuerzo serio de ella. Por otra parte, es necesario darse cuenta en primer lugar que a partir de una tarea, ya sea a corto o largo plazo, se requiere una gran cantidad de seriedad de su parte.

Esto implica saber que tiene una participación en el trabajo a mano. La creación de un proyecto y supervisar su realización no es sólo una cuestión de hacer algo. Más importante es el hecho de que usted lo está haciendo debido a las presiones de la rendición de cuentas.

Definimos la rendición de cuentas como elemento que nos pega al puesto de trabajo. Cuando se nos da una tarea, por un jefe o por otra persona, hay que subrayar el hecho de que hay una determinada medida de la confianza que participan.

Por ejemplo, cuando el grupo comienza a trabajar en un proyecto, los miembros individuales reciben tareas específicas que aseguran el éxito del proyecto. No importa cuán pequeña sea la tarea, su mayor importancia se vuelve aparente cuando el proyecto finalmente se convierte en algo real. Es por esta razón que las personas deben enfocarse en la tarea que se les ha asignado para que las cosas sucedan.

¿Esto también se aplica a proyectos individuales? ¡Por supuesto! El hecho es que construir una idea desde cero hasta el final depende de cómo lo veamos y de cómo nuestras acciones encajan en el proceso de realizar el valor total del trabajo. La responsabilidad es, por lo tanto, un elemento esencial que debe reconocerse únicamente por su valor para completar una tarea.

Todos sabemos sobre las diversas consecuencias de ignorar este principio. Debido a la falta de un sentido de responsabilidad, la gente tiende a entregar un trabajo mediocre o le falta interés en hacer cualquier esfuerzo para completar una tarea. Esto, aparentemente, conduce al concepto mismo de pereza, y la pereza no nos lleva a ninguna parte en la vida. Eso ya ha sido probado por experiencias que todos hemos vivido desde pequeños. Sabemos lo que sucede cuando nos negamos a hacer ningún trabajo. En actividades grupales donde todos tienen la misma oportunidad de decir lo que le gusta, podemos encontrar numerosos casos en los que subvertimos nuestras responsabilidades hacia el grupo, creyendo que alguien más sería más capaz de hacer la tarea que supuestamente habríamos hecho.

Entonces, ¿qué hace a un individuo más responsable? Bueno, para empezar, necesitamos entender las cualidades de alguien que se toma las cosas en serio, especialmente las tareas que tiene que hacer.

1. Conozca su rol

Piénselo: no se le da una tarea específica para completar sin saber primero por qué se la han entregado. En su mayor parte, entender qué tan bien encaja en un esfuerzo de grupo debe proporcionarle un cierto nivel de confianza. A la larga, usted es elegido para la tarea porque le muestra a todos cuán capaz es de hacerlo.

Conocer su función le proporciona suficiente información sobre su importancia. ¿Por qué fue elegido en primer lugar? ¿Por qué le dieron esta tarea? ¿Debería alguien más hacerlo? Aparentemente, estas preguntas solo apuntan a la idea de que usted es adecuado para la tarea tanto como se le confía para completarla. La responsabilidad, por lo tanto, comienza cuando se establece la confianza. No trate de romper diciendo cosas como "no soy apto para esto" o "no merezco esto".

Hay razones por las cuales usted es de confianza, por lo que es mejor que complete la tarea o su credibilidad se verá afectada.

2. Entrénese para ser maduro

En algunos casos, las personas tienden a minimizar la responsabilidad por muchos motivos. Pero aparentemente, no hay lugar para el comportamiento inmaduro cuando se enfrenta a algo tan crucial como un proyecto de empresa o un nuevo producto comercializable.

Esto no quiere decir que no deberíamos ver la diversión en todo lo que hacemos. Además, siempre hay un elemento de diversión, incluso en asuntos serios. Pero debemos darnos cuenta de que la cultura del trabajo moderno se caracteriza por un sentimiento de comunidad y conformidad con las reglas modernas. En esto, ser maduro en las cosas que hacemos no es solo una necesidad social sino también un factor vital para hacer las cosas.

Una mente madura es aquella que puede ver lo mejor en una situación y darse cuenta de su propia importancia. Se trata de trabajar racionalmente para sacar lo mejor de la tarea que tiene actualmente. Es en este sentido que debe saber cuándo comienza el tiempo de diversión y cuándo comienza la seriedad y la dedicación.

Habrá más tiempo para actividades inmaduras después de ver el proyecto. Tómelo como una forma de compensación.

3. Sea racional

La mayoría de las personas tienden a actuar sobre las emociones en lugar de escuchar el lado más razonable de sus cerebros cuando realizan una tarea. Especialmente cuando usted forma parte de un grupo que se esfuerza por lograr que una idea se vuelva realidad, debería poder poner en funcionamiento sus mejores neuronas.

Los proyectos fallidos son en su mayoría el producto de egos agotados. Y todos sabemos lo que sucede cuando los egos se lastiman. Las respuestas emocionales se convierten en la voz principal, y cada vez que nuestros lados emocionales actúan, apenas podemos escuchar lo que la razón tiene que decir.

En términos de hacer un trabajo real, debemos ser objetivos. Y con eso, no debemos permitir que nuestras emociones conquisten nuestra capacidad de pensar clara y razonablemente. Ser objetivo no es ser condescendiente. En cambio, es una forma de expresar sus propias opiniones para la realización positiva de una idea.

Cuando se encuentra con algo que cree que sería un gran testimonio de sus capacidades como ser humano pensante, ser responsable no es más que vital. Porque cuando sabe que es responsable de algo, tendrá que darse cuenta de que hay consecuencias si no lo hace de una manera correcta.

Invoque el lado racional en sí y siempre trate de ver la importancia de usar su destreza intelectual en términos de crear algo que importe.

4. Manténgase constantemente motivado

Ciertos momentos requieren que usted esté continuamente listo para la acción. Las personas con responsabilidades lo saben porque saben lo valiosas que son para completar un proyecto o cualquier esfuerzo en ese sentido. Es por eso que se esfuerzan por buscar nuevas formas de inspirarse y motivarse. De cualquier manera, siempre tienen la habilidad de buscar una salida efectiva para que puedan hacer una tarea de la manera más eficiente posible.

Siempre encuentran formas de enriquecerse, lo que es un sello distintivo de una vida que se centra en lograr avances exitosos hacia el mejoramiento personal. A largo plazo, el hecho de que estén continuamente motivados significa que también se toman en serio la realización de un trabajo de calidad. En el curso de cualquier esfuerzo humano, es imperativo darle un poco de importancia a saber qué es lo que le mantiene activo, ya que esto también indica que usted es serio acerca de sus responsabilidades.

5. Asuma las cosas

Humanos como somos, nunca podemos negar el hecho de que podemos estar equivocados y cometer errores a veces. En muchos casos, creemos que un pequeño error ya es suficiente para darle una medida de dolor en el trasero. Esto se debe a que estamos tan contentos de tener todas estas responsabilidades hasta el punto de ser conscientes de cada pequeña cosa que hacemos.

Pero los errores suceden todo el tiempo, y realmente no hay un camino perfecto para lograr algo. Los mejores inventos del mundo siempre han estado sujetos a numerosos desafíos, desde la concepción de una idea hasta la implementación.

Pero el hecho es que estas ideas se vuelven realidad de todos modos porque las personas detrás de ellas se esfuerzan por superar sus errores y encontrar una forma efectiva de resolver cada pequeño problema que se les presente.

Las historias de perseverancia siempre han sido un tema de inspiración para muchos. Lo que parecía ser un proyecto inconcebible resultó ser una realidad cuyo impacto resuena en las vidas de los demás.

Entonces, cada vez que sienta que hizo algo mal, no piense demasiado en cómo cometió un error. Tómese el tiempo para respirar y descubrir la forma correcta de seguir adelante. Siempre piense que es muy posible escapar de una situación que parece desesperada. Mientras tenga una imagen de lo que quiere lograr, estará en buenas manos. Solo manténgase enfocado en las cosas que importan. Acepte el hecho de que se cayó y siga caminando. El destino es lo que importa, y no el hecho de que haya tropezado ligeramente.

Tenga en cuenta que la responsabilidad es lo que importa cuando desea hacer un esfuerzo serio de la tarea que tiene a mano. No confíe en los demás. Tiene que preocuparse por sí mismo. Y con eso, tiene a sí mismo de quien depender cuando las cosas se ponen realmente malas.

Capítulo 5. Visualice las recompensas a largo plazo

Una cosa es cierta: donde sea que terminemos a largo plazo, podremos disfrutar de las dulces y suculentas alegrías del éxito.

Las personas están más motivadas por la idea de que obtendrían una cantidad considerable de recompensas al final. Después de todo, el trabajo es una actividad que garantiza algo a cambio a quien lo tome en serio. Usted está más obsesionado con un trabajo sabiendo que promete beneficios sustanciales a cambio.

Pero a veces, anclar nuestra motivación en las recompensas puede ser contraproducente. Esto se debe a que las personas tienen una noción falsa de que lo que hagan daría como resultado la compensación que desean obtener. No importa cuánto trabajo y corazón le dedique a una idea o tarea, mientras lo haga, estará fundamentalmente seguro. Pero en casi todos los casos, esta noción demuestra una falsedad en esta era de búsqueda de mayores oportunidades.

Lo que importa ahora es cómo se fija su mente para tener éxito y poniendo mucho esfuerzo en la construcción de una vida que es realmente la que usted quería. Lo que muchos no entienden es que tienden a centrarse más en las recompensas, distraerse de las actividades reales que les ponen en el curso hacia su consecución.

Pero no se equivoque. No hay nada hostil en pensar en cosechar los frutos de su trabajo. Es solo que la mayoría de las personas usan este pensamiento de la manera incorrecta, lo que hace que se vuelvan mal dirigidos. Lo que se debe hacer es utilizar los pensamientos de obtener algo del trabajo como fuente de inspiración, como un ingrediente importante que le empuja a esforzarse por mejorar.

Realmente no hay nada de malo en visualizar las recompensas que desea obtener. Solo necesita comprender cómo usarlas como una bebida energética que siempre lo pone en movimiento.

Hacer esto es una cuestión de autodisciplina, por supuesto. Lea los consejos siguientes para estar más centrado en alcanzar los objetivos que se propuso:

1. Tómese el tiempo para hacer una lista de las cosas que desea

Una forma de mantenerse motivado es tener una lista de las cosas que desea lograr y recuerde que no puede lograr estas cosas sin aplicar esfuerzo de su parte. Es importante conocer las cosas que realmente desea obtener, ya que le enseñarán cómo ser más proactivo. El trabajo duro, después de todo, cosecha lo que puede.

Para esto, cada vez que se le asigne una tarea y no sepa cómo iniciarla, enumere las cosas que sucederían una vez que lo haya logrado. Por ejemplo, si tiene la tarea de compilar un informe de la industria en una semana, piense en la impresión que le daría su jefe una vez que vea que su presentación ha seguido el principio "SMART".

Luego, piense cómo esta impresión se convertiría en aprobación a medida que reconozca su arduo trabajo y su jefe considere otorgarle un ascenso. Tal pensamiento debería ser suficiente para que usted trabaje mejor y más inteligentemente.

Una vez que sepa qué ganaría de la tarea, será más evidente que piense en formas de sacarle el mejor provecho.

2. Las recompensas

No sería correcto sopesar las recompensas antes de comenzar a completar la tarea. Sería como tratar de contar sus huevos antes de que nazcan. Hemos aprendido de este dicho desde que éramos niños, y ya sabe, ¡todo tiene sentido!

Las cosas no salen como queremos. Las expectativas se enfrentan al riesgo de no cumplirse, dejándonos desmotivados para continuar. Sin embargo, todavía hay algo bueno que extraer de este acto de ponderar las recompensas. Por ejemplo, saber cuántas oportunidades puede obtener si realiza una cierta cantidad de trabajo no es realmente contraproducente de ninguna manera. Por el contrario, debe proporcionar las condiciones necesarias que le permitan lograr la cantidad de acción deseada en relación con el tipo o cantidad de recompensas que obtendrá una vez que haya completado su tarea.

Visualizar las recompensas es saludable, ahora que lo pienso. Debido a que nuestras mentes se basan en los beneficios percibidos, en realidad nos estamos reforzando para ser mejores en el trabajo. Mantenga la calma y trate de sopesar las recompensas si es necesario, si eso significa dar un gran impulso para completar el trabajo de calidad.

3. Inspírese todos los días

Todos los días nos distraemos con las pequeñas cosas. Ya se trate de tareas domésticas o actividades recreativas, como jugar juegos de computadora, podemos estar seguros de que hay factores que intentan impedir que alcancemos los objetivos que nos propusimos.

Con eso, necesitamos pedirnos a nosotros mismos cada minuto, para recordarnos a nosotros mismos del inmenso trabajo que tenemos que hacer. Las cosas triviales que nos distraen siempre están ahí para hacernos caer y convencernos de que la mediocridad está bien, pero en realidad no lo es. La mediocridad genera una vida que no es apta para el éxito, y si ya tiene claras sus prioridades, deberá confiar en el hecho de que ganará mucho al centrarse estrictamente en una tarea.

Habrá momentos para la recreación, sí, pero cuando se trata de lograr las cosas que cree que le darán muchas más cosas agradables que las cosas que tiene, entonces es mejor que empiece a recordar todos los días el tipo de vida que desea.

Los recordatorios vienen en muchas formas, pero nada supera a un diario que está dedicado exclusivamente a la tarea que desea lograr. Al registrar el progreso de su tarea, continuamente se muestra la proximidad entre dónde se encuentra ahora y dónde quiere estar.

Otra buena manera de recordarse a sí mismo es pararse frente al espejo y comunicarse con su reflejo sobre lo que desea lograr. Aunque esto puede parecerle peculiar, es necesario si desea concentrarse en sus objetivos. Además, hablar con su reflejo le permite verse en tercera persona, como una persona completamente distinta, permitiéndole dar una charla de ánimo que por lo general no la tomaría en serio si la mantuviese en su cabeza.

Otras cosas también minimizan las distracciones, pero el mejor consejo que siempre puede recibir es que debe concentrarse. Piense dónde quiere estar, y estará seguro de llegar allí en poco tiempo.

4. Construya sus sueños

Todos tenemos un sueño. Incluso los más pobres y los más indigentes tienen sueños. Todo es parte de la experiencia humana para aspirar a algo que sabemos que le daría a nuestras vidas un significado más profundo, afirmando la idea de que estamos destinados a algo más grande de lo que podemos imaginar.

Los sueños son solo sueños porque existen en la cabeza. Desea algo, y se siente bien con solo pensarlo. Pero, ¿por qué no hacer algo para que se haga realidad? ¿No sería eso más eufórico? ¿El hecho de que lo que una vez fue un concepto en su cabeza ahora es algo de lo que puede sentir y de lo que se siente orgulloso? Si ese es el caso, no estaría mal tener que pensar en comenzar. Un sueño es algo que debe perseguir, y no algo que quiera mantener en la oscuridad. Al hacer lo que debemos para lograrlo, estaríamos bien y, sobre todo, más disciplinados para que las cosas sucedan.

Conocer las recompensas que conlleva una tarea nos ayuda a comprender la idea de que el trabajo arduo conduce a una mejor comprensión de nosotros mismos y a la forma en que enfocamos una idea o un concepto.

Como todos sabemos, hacer un esfuerzo sobre la base de que hay una gran suma de dinero o una promoción jugosa que nos espera es una excelente forma de aprovechar nuestras capacidades para controlar nuestros deseos y esforzarnos por algo aún mayor.

Capítulo 6. Levántese de los resbalones de manera efectiva

Como aprendimos en el capítulo anterior, nada - repito, NADA - viene positivamente. Una forma de ver la vida y cómo la vivimos es reconocer que no todas las cosas van bien. Aparentemente, hay varios casos en los que los planes e ideas se ven sometidos por circunstancias imprevistas; situaciones que actúan para poner cualquier esperanza de ser exitoso.

El camino hacia el éxito nunca está pavimentado con pétalos de rosa. Es una carretera llena de peligros y potenciales contratiempos. Es un camino en el que los elementos intentan retrasarlo, dividir su vehículo y, por último, evitar que alcance sus objetivos previstos.

La imagen de una recompensa puede ayudar, pero no es suficiente, ya que necesita tener una mentalidad completamente diferente cuando se encuentra con una prueba que cree que no puede durar más. El hecho es que tenemos que esperar lo inesperado. Cualquier cosa terrible que pueda suceder sucederá, y todos sabemos que no debemos estar preparados para tales situaciones.

En cualquier caso, algunos errores podrían caer sobre nuestras cabezas y dejarnos heridos con una conmoción cerebral en nuestros cerebros. Pero no significa que el viaje termine allí. Como ya hemos explicado, todavía hay oportunidades para que usted se levante de los peligros y los desafíos; hay posibilidades en las que puede levantarse y continuar a vivir su vida como si nada hubiera pasado.

La autodisciplina también implica un deseo de levantarse de las cenizas y retomar desde donde lo dejó. Es el sello distintivo de cualquier persona exitosa para hacer uso de sus muchas facultades para mejorarse a sí mismo. Al igual que en el caso de muchos líderes exitosos en los negocios, la política y la cultura, las fallas son un ingrediente crucial para el éxito. En lugar de verlos como momentos en los que somos más débiles, deberíamos verlos como importantes oportunidades de mejora.

Desarrollar nuestros talentos y transportar una idea al mundo real tiene que involucrar una medida de fracaso. Ambos están sujetos a situaciones potencialmente desastrosas que pueden dejar a cualquier persona en su sano juicio hasta el final. Lo que debe entenderse es que necesita hacer uso de estas fallas como puntos de conversación educativa. Pero antes de eso, necesitará saber cómo recuperarse de un punto desastroso que podría hacer dañar su autodisciplina.

1. Ignore el problema

¿Qué sucede cuando un problema nos enfrenta? Naturalmente, usamos nuestras cabezas para resolverlo de manera eficiente y diseñada correctamente. Pero, ¿y si el problema se convierte en una situación incontrolable en la que la única salida lógica es enfrentarlo?

Bueno, para este caso, cualquier persona podría encogerse de hombros y moverse. Tan sencillo como eso. Resolvemos problemas porque necesitamos hacerlo. Y para hacer eso, primero debemos darnos cuenta de la idea de que los problemas tienen sus propios puntos débiles. Estas son áreas en las que podemos aprovechar y reducir un problema en particular en términos manejables. Pero cuando el problema se convierte en un desafío más importante que no requiere panacea, lo único que queda por hacer es aceptar las consecuencias y seguir adelante.

Por ejemplo, es posible que no le diga nada a su jefe, especialmente cuando se queja de la calidad del trabajo que realiza en el proyecto. Puede empezar culpandose por eso, y puede que comience a pensar que la paliza verbal que recibe del jcfe es un karma bien merecido.

No hará nada excepto aceptar el sermón como un perro que acaba de romper las cortinas en pedazos. Después de eso, espere a que las emociones se relajen. Lo peor ha terminado. Respire profundamente, regrese a su cubículo y concéntrese en qué más debería hacerse. El sermón, después de todo, es una forma útil de mantenerse motivado, para recordarse que los éxitos vienen de aquellos que demuestran una gran disposición para hacerlos posibles.

2. Aprenda de sus errores

Cuando encuentre una mala situación, no deje que se desanime. Siempre piense en cómo le ayudaría a recuperar un sentido del deber dirigido no solo hacia usted mismo sino hacia otros que ven su importancia.

Estamos hechos para fracasar porque necesitamos crecer. Necesitamos que se nos recuerde continuamente que somos capaces de desarrollarnos cada vez que caemos. Piénselo un momento: cuando somos niños, aprendemos experimentando las cosas que, más adelante, vemos con una claridad refinada.

Sabemos muy bien que tocar una plancha caliente podría causar quemaduras graves, y sabemos muy bien que las malas conductas no nos llevan a ninguna parte. Fuimos castigados en aquel momento, pero solo porque teníamos que entender que las realidades sociales requieren que filtremos lo bueno de lo malo.

En este caso, cometer un error no debería ser el momento en el que se vuelva sentimental, creyendo que las personas tienen un prejuicio para ver sus defectos. Pero son precisamente las cosas equivocadas que hace lo que le permite aprender más sobre el mundo que le rodea.

Más tarde adaptamos este pensamiento a la vida posterior. Como adultos, sabemos muy bien que ser perezosos y postergarnos no nos lleva a ninguna parte, nos pone en una situación de la cual escapar es difícil, y solo sirve para alimentar una actitud que se niega a reconocer la importancia del trabajo duro.

Con esto, debemos saber cómo convertir nuestros errores en puntos en los que podamos aprender. Deberíamos tomar nota de ellos, ya que nos equipan con el conocimiento necesario para evitar cometer los mismos errores nuevamente. Entonces, cada vez que sienta que el fracaso le ha inmovilizado, analice dónde salió mal y siempre asegúrese de usar lo que ha recogido de la experiencia para su propia superación personal.

3. Todo se pone mejor

Es cierto que la autodisciplina es más un problema relacionado con la forma de comenzar. Cómo mantenerse haciendo algo, por otro lado, es un tema diferente, aunque la autodisciplina todavía tiene un interés importante en ello.

En todos los esfuerzos humanos, nunca podremos vivir sin tener que pensar que las cosas sucedan de la manera opuesta. Somos idealistas a nuestra manera, pero nuestras vulnerabilidades nos señalan el lado más sombrío de la ambición. Las fallas abundan y persiguen a cualquiera que se esfuerce por cultivar un mejor significado para sí mismo. Es importante que las personas, primero, reconozcan sus fallas y, en segundo lugar, traten de comprender que son parte de este gran esquema que pretende convertirnos en maestros de nuestras propias vidas. En su mayor parte, la idea principal es que las personas piensen que las fallas existen porque no todo es perfecto. Pero también debemos reconocer el hecho de que la vida mejora en el camino.

Incierto es una condición tan prevalente en este universo que preferimos sacrificarlo por el bien de vivir una vida libre de desafíos. Pero, ¿qué es la vida sin la presencia de lo malo? ¿Sería tan emocionante como es? Aparentemente no, porque lo que hace que exista belleza es el hecho de que estamos haciendo algo para ser más inflexibles emocional e intelectualmente. Y nada podría cambiar este hecho.

Entonces, cada vez que se sienta abatido por las presiones de la vida, piense en cómo mejorará a medida que pase el tiempo, porque la vida no siempre está ahí para empujarle. También está ahí para regalarle un ramo de flores siempre que le apetezca.

Dale una oportunidad a la vida porque eventualmente todo mejora a partir de ahí.

4. Construya una base emocional efectiva

Lo que esto significa es que necesita encontrar a las personas que son la fuente de su inspiración. Durante una gran parte de su vida, ha conocido a numerosas personalidades mientras crecía. Aprendió que es importante tener una familia, ya que es el primer círculo social con el que se encuentra y, por cierto, el más íntimo, el más cercano a su corazón. Porque cuando la vida le deprime, siempre tiene un grupo listo de personas al que puede acudir en busca de apoyo.

Si una tarea o proyecto parece demasiado desalentador, siempre piense en que usted no es una isla. No está solo porque ha cultivado relaciones que tienen un significado para usted, que le valoran por lo que es. Además de la familia, sus amigos más cercanos también son las personas de las que puede depender para obtener fortaleza emocional. Ellos le conocen muy bien. Ellos le conocen, probablemente, más de lo que se conoce a sí mismo. En este caso, si se tropieza mientras corre hacia sus objetivos, siempre puede expresar sus frustraciones a las personas que se preocuparon y solicitar su consejo. Ellos saben lo que usted vale, y ellos saben muy bien que sois alguien capaz de cosas más grandes.

5. Diríjase a lo espiritual

Finalmente, aparte de las personas que están cerca de su corazón, es mejor ser fiel. La religión le proporciona significado, y para la mayoría de las personas, creer en una doctrina elegida les da la fortaleza para superar un problema y salir de lo que parece ser una situación sin esperanza. La fe es, después de todo, un elemento que permite a las personas hacer lo que creen que no pueden hacer. Por esta razón, necesitará encontrar tiempo para una meditación saludable.

Pasar algún tiempo a solas mientras intenta recuperarse de una prueba estresante es esencial si quiere enfrentarse al mundo con un sentido renovado de hacer las cosas. Retirándose de los asuntos mundanos para pasar un tiempo con sus propios pensamientos le permite obtener ese proceso de rejuvenecimiento necesario de esa manera usted podría volver a perseguir su objetivo mejor que nunca. Podrá pensar con claridad y ser más capaz de abordar cada problema que se le presente.

Además, pase algún tiempo con otras personas espirituales y discuta cómo la fe le ha ayudado a lo largo de las muchas pruebas y desafíos que pusieron a prueba su sistema de creencias. Hacerlo le permitirá apreciar más las mismas cosas que le dan felicidad. Siempre piense en cómo se va a elevar de estos ensayos con el apoyo de sus creencias.

Algunas personas pueden burlarse de la idea de que la espiritualidad no hace nada para ayudar a las personas a hacer frente a los errores que cometieron, pero eso se debe a que eligen no hacerlo. Para las personas que sí se adhieren a un sistema de creencias, es útil saber que no está solo y que está destinado a una identidad más significativa que el mundo por sí solo no podría dar.

De hecho, los errores ocurren por las mejores razones, una de las cuales es que nos permiten crecer como mejores personas. Si bien siempre luchamos por la perfección, nunca podemos separarnos del hecho subyacente de la vida, que es la imperfección. Todo puede suceder abruptamente, a menudo tomándonos por sorpresa. Pero solo hay un breve jadeo. Estamos asombrados, pero no por mucho tiempo, porque después de eso, nos encontramos nuevamente en el camino hacia la prosperidad de las ideas, metas, objetivos y proyectos.

En esencia, experimentar deslizamientos de vez en cuando nos permite una visión más profunda de nosotros mismos. Nos permitirá conocer nuestras debilidades y fortalezas, brindando las condiciones adecuadas que nos permitirán mejorar las áreas en las que obtenemos lo mejor de nosotros y excluir las áreas donde estamos siendo derribados.

El hecho es que cometemos errores de vez en cuando, pero eso no significa que tomar todos los pequeños errores que hemos cometido en conjunto implicaría un sueño saboteado. Por el contrario, estas fallas son un testimonio de nuestra fortaleza y de cuán disciplinados somos para hacer posibles las cosas en nuestras vidas.

Como diría mucha gente, "Carpe Diem". Aproveche el día. Haga lo que pueda para hacer que su vida sea más significativa y atractiva.

Capítulo bonificación: "Fitspiration"

"Fitspiration" es un método en el que se inspira en la vida cotidiana, utilizando dichos, pasajes y citas relacionadas con la idea de que la mejora es una forma crucial de hacer las cosas. Volverse más disciplinado es un esfuerzo que, en su mayor parte, requiere una gran cantidad de fortaleza para facilitar. En muchos casos, las personas dirían que es difícil, y especialmente cuando la persona que los atrapa es ellos mismos.

Por esta razón, todos necesitamos una mano de ayuda de vez en cuando. No hay nada mejor que tener personas para apoyar su búsqueda de una vida mejor. Permítanos revisar algunos de los mejores *Fitspiration* para superar los desafíos que apuntan a desanimarle.

"Piense en las consecuencias si no hace nada"

Aparentemente, esto es algo en lo que todos podemos estar de acuerdo. El hombre de acción es alguien que sabe que las recompensas están ahí para ser tomadas. Solo es cuestión de levantarse y dar ese primer paso crucial para hacerlo posible.

"La ambición es como una adicción. Una vez que está dentro, su cuerpo lo necesita"

Entonces, lo que sugiere esta cita es el hecho de que cuando tenemos ambiciones de asegurar, estamos preparados para asegurarnos de que sean alcanzados. Solo piénselo: nunca puede volverse ambicioso si no lo hace, hacer cualquier cosa para que se haga realidad.

Pero una vez que esté enfocado y con la mente puesta en esta idea de ambición, sentiría que su cuerpo, así como su espíritu, están obligados a hacer todo lo posible para adquirirlo.

"La disciplina se trata de elegir lo que quiere ahora y lo que más quiere".

Este es un resumen perfecto de lo que debe ser la disciplina. Discutimos antes que la disciplina es algo entrenado. No siempre es una cualidad innata, sino que es algo que debemos prepararnos para tener. Ahora, cuando nos enfrentamos a una inclinación a lograr lo que es mejor para nosotros, nunca nos debe molestar la distracción. Nuestro objetivo es que lo logremos pase lo que pase. Sabemos que nuestros objetivos personales están ahí para guiarnos hacia la realización de lo que queremos para nosotros mismos. Y estamos seguros de que lo que más queremos es lo mejor que podemos ofrecernos.

Últimas palabras

¡Gracias nuevamente por comprar este libro!

Realmente espero que este libro pueda ayudarle.

El siguiente paso es que se una a nuestro boletín informativo por correo electrónico para recibir actualizaciones sobre cualquier próximo lanzamiento o promoción de un nuevo libro.

¡Usted puede registrarse de forma gratuita y, como beneficio adicional, también recibirá nuestro libro *"Errores de salud y de entrenamiento físico que no sabe que está cometiendo"*, completamente gratis."! Este libro analiza muchos de los errores de entrenamiento físico más comunes y desmitifica muchas de las complejidades y la ciencia de ponerse en forma. ¡Tener todo este conocimiento y ciencia de la actividad física organizados en un libro paso a paso lo ayudará a comenzar en la dirección correcta en su viaje de entrenamiento!Para unirse a nuestro boletín gratuito por correo electrónico y tomar su libro gratis, visite el enlace y regístrese: www.hmwpublishing.com/gift

Finalmente, si usted ha disfrutado este libro, me gustaría pedirle un favor. ¿Sería tan amable de dejar una reseña para este libro? ¡Podría ser muy apreciado!

¡Gracias y mucha suerte!

Sobre el co-autor

Mi nombre es George Kaplo; Soy un entrenador personal certificado de Montreal, Canadá. Comenzaré diciendo que no soy el hombre más grande que conocerá y este nunca ha sido mi objetivo. De hecho, comencé a entrenar para superar mi mayor inseguridad cuando era más joven, que era mi autoconfianza. Esto se debió a mi altura que medía sólo 5 pies y 5 pulgadas (168 cm), me empujó hacia abajo para intentar cualquier cosa que siempre quise lograr en la vida. Puede que usted esté pasando por algunos desafíos en este momento, o simplemente puede querer ponerse en forma, y ciertamente puedo relacionarme.

Después de mucho trabajo, estudios e innumerables pruebas y errores, algunas personas comenzaron a notar cómo me estaba poniendo más en forma y cómo comenzaba a interesarme mucho por el tema. Esto hizo que muchos amigos y caras nuevas vinieran a verme y me pidieran consejos de entrenamiento. Al principio, parecía extraño cuando la gente me pedía que los ayudara a ponerse en forma. Pero lo que me mantuvo en marcha fue cuando comenzaron a ver cambios en su propio cuerpo y me dijeron que era la primera vez que veían resultados reales. A partir de ahí, más personas siguieron viniendo a mí, y me hizo darme cuenta después de tanto leer y estudiar en este campo que me ayudó pero también me permitió ayudar a otros. Ahora soy un entrenador personal certificado y he entrenado a muchos clientes que han logrado conseguir resultados sorprendentes.

Hoy, mi hermano Alex Kaplo (también Entrenador Personal Certificado) y yo somos dueños y operadores de esta empresa editorial, donde traemos autores apasionados y expertos para escribir sobre temas de salud y ejercicio. También tenemos un sitio web de ejercicios en línea llamado "HelpMeWorkout.com" y me gustaría conectarme con usted invitándole a visitar el sitio web en la página siguiente y registrarse en nuestro boletín electrónico (incluso obtendrá un libro gratis). Por último, si usted está en la posición en la que estuve una vez y quiere orientación, no lo dude y pregúnteme ... ¡Estaré allí para ayudarle!

Su amigo y entrenador,

George Kaplo
Entrenador Personal Certificado

Consigua otro libro gratis

Quiero agradecerle por comprar este libro y ofrecerle otro libro (largo y valioso como este libro), "Errores de salud y de entrenamiento físico que no sabe que está cometiendo", completamente gratis.

Visite el siguiente enlace para registrarse y recibirlo:
www.hmwpublishing.com/gift

En este libro, voy a desglosar los errores más comunes de salud y de entrenamiento físico, que probablemente esté cometiendo en este momento, y le revelaré cómo puede llegar fácilmente a la mejor forma de su vida.

Además de este valioso regalo, también tendrá la oportunidad de obtener nuestros nuevos libros de forma gratuita, participar en sorteos y recibir otros correos electrónicos de mi parte. De nuevo, visite el enlace para registrarse: **www.hmwpublishing.com/gift**

Copyright 2018 de HMW Publishing - Todos los derechos reservados.

Este documento de HMW Publishing, propiedad de la compañía A & G Direct Inc, está orientado a proporcionar información exacta y confiable con respecto al tema y el tema cubierto. La publicación se vende con la idea de que el editor no está obligado a prestar servicios calificados, oficialmente autorizados o de otro modo calificados. Si es necesario un consejo, legal o profesional, se debe ordenar a un individuo practicado en la profesión.

De una Declaración de Principios que fue aceptada y aprobada por igual por un Comité del American Bar Association y un Comité de Editores y Asociaciones. De ninguna manera es legal reproducir, duplicar o transmitir cualquier parte de este documento en forma electrónica o impresa. La grabación de esta publicación está estrictamente prohibida, y no se permite el almacenamiento de este documento a menos que cuente con el permiso por escrito del editor. Todos los derechos reservados.

La información provista en este documento se afirma que es veraz y coherente, en el sentido de que cualquier responsabilidad, en términos de falta de atención o de otro tipo, por el uso o abuso de cualquier política, proceso o dirección contenida en el mismo es responsabilidad absoluta y exclusiva del lector receptor. Bajo ninguna circunstancia se responsabilizará o responsabilizará legalmente al editor por cualquier reparación, daño o pérdida monetaria debido a la información contenida en este documento, ya sea directa o indirectamente. La información en este documento se ofrece únicamente con fines informativos, y es universal como tal. La presentación de la información es sin contrato o con algún tipo de garantía garantizada.

Las marcas comerciales que se utilizan son sin consentimiento, y la publicación de la marca comercial es sin el permiso o el respaldo del propietario de la marca comercial. Todas las marcas comerciales y marcas dentro de este libro son sólo para fines de aclaración y pertenecen a los propios propietarios, no están afiliados a este documento

Para más libros visite:

HMWPublishing.com

www.ingramcontent.com/pod-product-compliance
Lightning Source LLC
Chambersburg PA
CBHW070943080526
44589CB00013B/1619